SOULT et BROUGHAM,

GLORIEUX

PACIFICATEURS DE L'EUROPE,

PAR

J.-B. DÉCHALOTTE FILS.

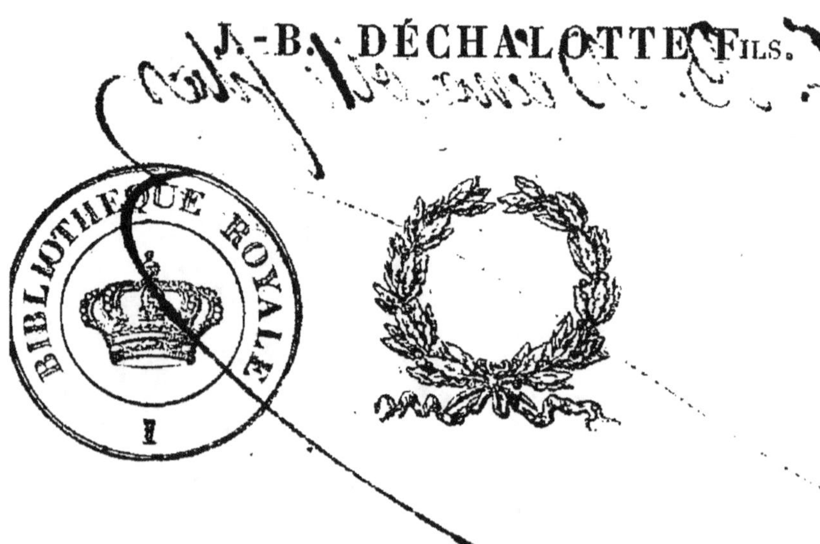

PARIS,

CHEZ AMYOT, LIBRAIRE,

Rue de la Paix, 6.

—

1843.

Toutes les formalités voulues par la loi ont été régulièrement remplies.

AVANT-PROPOS.

En quelques lignes, mon opinion est loyalement celle-ci :

Je suis un partisan très-prononcé de l'alliance anglaise, et convaincu que si les bases et clauses tant désirables du traité de commerce projeté entre la France et l'Angleterre sont une fois bien applanies, arrêtées et signées, j'en conclus que, non seulement il ne se tirera plus un seul coup de canon en Europe sans leur permission, mais qu'encore l'Europe sera bientôt à moitié libre.

Alors, l'absolutisme n'aura plus la moindre prétention à exercer son influence jusqu'à ce jour rétrograde et défavorable sur tous les peuples de la terre, qui veulent jouir en paix des bienfaits et des progrès de la civilisation et d'une sage liberté.

Cette liberté fleurit toujours avec la paix, tandis qu'avec la guerre elle serait totalement perdue.

Les opinions du maréchal Soult et de lord Brougham ont été émises par eux le même jour, peut-être à la même heure, aux tribunes législatives de France et d'Angleterre. C'est digne de remarque, et en aucune manière je ne saurais suspecter ni l'une ni l'autre, car je les respecte toutes deux à l'infini : elles en valent bien d'autres.

Mais, qu'on me permette de citer encore une de mes convictions; c'est que, quant au traité de commerce entre ces deux grandes nations libres et civilisées, la multiplicité des espèces de conditions mercantiles, financières et morales dont il doit être revêtu d'une manière absolue et sans la moindre lacune, prescrivent impérativement de ne point l'arrêter et ôtent du reste toute idée qu'on pût le faire dans ce moment-ci, à cause de la malheureuse question du droit de visite qui sème partout la défiance, régénère la haine et reproduit la colère des batailles.

Ah, que la Russie, l'Autriche et la Prusse sont contentes! On ne veut pas voir que ces puissances absolues sont très-pauvres et jalouses de toutes nos prospérités. Elles fomentent sans cesse chez tous les gouvernements représentatifs des dissentiments et de la désunion avec le nôtre. Y ayant déjà trop souvent réussi, qu'avons nous, grand Dieu, à penser de leur part? que toutes trois espèrent qu'ils se déclareront la guerre, se battront, se déchireront entre eux, et en attendant mieux, l'étranger frappe des mains avec une joie indicible; et ensuite, toute la presse incendiaire de la légitimité, secondée follement par celle de beaucoup d'ambitions déçues, ennemies à la fois de la révolution de juillet et de la royauté qu'elle éleva sur le pavois aux cris unanimes de toute la France, sonnent la trompette guerrière et d'alarme : de sorte que, sans s'en douter, de très-bons citoyens font cause commune avec un ou plusieurs partis aussi perfides qu'incorrigibles.

Si un tel état de choses fait réellement pitié, les vrais patriotes doivent le flétrir dans l'intérêt de tous les principes d'humanité et du triomphe populaire de 1830, que nous défendrons au dedans comme contre toutes les suggestions du dehors, en épuisant jusqu'à la dernière goutte de notre sang.

En tout cas, la France serait bientôt prête. Qu'on ne s'y trompe pas !

FRANCE.

LE MARÉCHAL SOULT,

Ministre de la guerre et Président du Conseil des Ministres.

CHAMBRE DES DÉPUTÉS. — **Séance du 2 Février 1843.**

Lors de la discussion du droit de visite dans cette chambre, M. le maréchal duc de Dalmatie entra dans les explications suivantes :

« On a beaucoup parlé de l'alliance anglaise. Je déclare, comme je l'ai fait il y a quelques années, que j'en suis un chaud partisan.

» J'eus occasion de le dire dans cette même enceinte à mon retour de Londres (1), alors que je rappelais que j'avais appris à estimer la nation anglaise sur les champs de bataille.

» J'ai combattu les Anglais jusqu'à Toulouse (*Approbation*). Oui, je les ai combattus jusqu'à Toulouse.

(1) C'est-à-dire, après son ambassade extraordinaire pour assister en 1838 au couronnement de la Reine VICTORIA.

UNE VOIX : C'est à Waterloo!

» Oui, à Waterloo!..... J'y étais ; j'étais à côté de Cambronne quand il a dit : « La Garde meurt et ne se rend pas. »*(Bravos)*.

» Je répète donc que je les ai combattus jusqu'à Toulouse, alors que je défendais l'indépendance nationale, et que je tirais le dernier coup de canon pour elle.

» Cependant je suis allé à Londres, et la France sait l'accueil qui m'y a été fait.

» Je répète donc que je suis chaud partisan de l'alliance anglaise.

» Mais, est-ce à dire que, partisan de l'alliance anglaise, je méconnaîtrais jamais, moi, Président du Conseil, Maréchal Soult, simple soldat, même s'il le fallait, je méconnaîtrais jamais l'honneur et l'indépendance de la France? Non, sans doute, malgré le vœu que je viens d'exprimer, et que j'exprimerai toujours, si des chances de guerre se renouvellaient, soit avec l'Angleterre, soit avec telle autre puissance du monde, tant qu'il me resterait un souffle de vie, j'irais, je marcherais, je ferais comme le Maréchal de Saxe à Fontenoy, je me ferais porter sur une civière pour résister aux ennemis de la France. » *(Bravos, bravos.)*

A LA NATION ANGLAISE.

Vous, Anglais, je vais vous rapporter les paroles que M. le maréchal Soult prononça le 12 juillet 1838, à la suite d'un toast qui fut porté au Roi des Français par M. Hibbert, président, lors d'un splendide déjeûner qui lui fut offert après avoir visité les magnifiques *docks* appartenant aux compagnies des Indes orientales et occidentales.

« J'éprouve, dit l'illustre guerrier, une profonde impression en répondant au toast que vient de porter Monsieur le Président, et je suis vivement pénétré des sentiments qu'il a manifestés. Je dois d'abord remercier l'honorable assemblée de la santé qu'elle vient de porter au Roi des Français. Je suis heureux que cette occasion se présente pour exprimer ici mes vœux les plus ardents pour que les rapports qui existent entre la France et l'Angleterre se resserrent de plus en plus, qu'ils deviennent de jour en jour plus intimes, et que, par cette union, la paix du monde soit assurée ; car, je le dis hautement, l'union de la France et de l'Angleterre garantit à jamais la paix et la prospérité générales. Ces sentiments, que je professe depuis long-temps, sont devenus une conviction encore plus profonde pour moi depuis que, venu à Londres dans une occasion solennelle, j'ai vu de plus près un noble peuple dont les généreuses manifestations

1*

m'ont révélé la grandeur mieux encore que cet immense déve-loppement de richesses qui est en ce moment sous mes yeux. L'accueil que j'en ai reçu et que je reçois de vous, messieurs, restera à jamais gravé dans mon cœur, et je remercie Monsieur le Président des nouveaux témoignages qu'il vient de m'en donner. »

M. le duc de Dalmatie a terminé son allocution par le toast suivant :

« A Sa Majesté la Reine Victoria ! Puisse son règne être heureux, plein de gloire et de la plus longue durée ! Puissent l'amitié et la bonne intelligence qui existent entre nos deux nations, la France et l'Angleterre, s'affermir de plus en plus et devenir perpétuelles ! Ces vœux sont ceux de la France entière. J'aime à penser qu'ils sont aussi partagés par le peuple anglais. L'accueil qu'il m'a fait dans ces circonstances solennelles m'en est le plus sûr garant. J'en emporterai l'impression la plus vive et la plus durable. »

Après plusieurs toasts, M. le maréchal Soult prit congé de la compagnie au milieu d'un enthousiasme général, et se rembarqua aussitôt sur *le Hardi*, qui le ramena à l'endroit où il s'était embarqué. Il remonta dans sa voiture au bruit des *vivats* et des applaudissements d'une foule de peuple dont les acclamations le suivirent en triomphe jusqu'à son hôtel.

A présent, entrons dans quelques explications.

Je crois qu'il y a aussi dans ce qui précède un admirable dévouement à une cause, et que rien du tout ne devrait être ajouté aux constantes et fermes manifestations de M. le maréchal duc de Dalmatie ; elles sont en 1843 les mêmes qu'en 1838. Ce grand ministre parle toujours haut et avec dignité dans les intérêts de la France. Son collègue des affaires étrangères disait à la fin de 1830 : « Si la Prusse met le pied ou envoie une » patrouille prussienne sur le territoire belge, » nous enverrons de suite un caporal français » pour la chasser. » Lui, à la tête du département de la guerre, monta à la tribune des députés, au mois de février 1841, et y tint le langage suivant :

« Actuellement nous sommes en mesure de nous battre avec n'importe quelle puissance, et au besoin contre toutes. »

Mais, après plus de douze ans consécutifs d'une paix générale et continue, laquelle fait la prospérité et accumule les richesses du pays, ce qu'il y a de plus sublime chez un homme qui a tant de fois vaincu les ennemis de la France sur les champs de bataille, c'est sans contredit de chercher à fonder des alliances sincères et durables pour conserver précieusement cette paix, et puis pour répéter avec lord Brougham et comme sa seigneurie :

« Je tiens aussi la branche d'olivier suspendue au-dessus de deux grandes nations (la France et la Grande-Bretagne), et je ne me laisserai pas plus que le noble, courageux et brillant orateur des bords de la Tamise pour la pacification de l'Europe , arracher cette branche tant qu'il en restera une feuille et la plus minime parcelle. »

Car ils pensent ensemble que, dès que l'union intime de la France avec l'Angleterre viendrait par malheur à être rompue, ce serait inévitablement de nouveau la guerre générale.

Les deux gouvernemens et les deux peuples se doivent donc mutuellement les plus grands égards pour que, par les moyens d'une véritable amitié , aucun d'eux ne porte désormais ombrage à la susceptibilité, à la délicatesse ou à l'honneur de l'autre. Mais, que l'Angleterre y fasse bien attention ; son rôle devient difficile à remplir, si l'on considère que Londres est, depuis la révolution de juillet, le centre des délibérations diplomatiques, et où toutes les affaires européennes sont résolues dans son *Foreign-Office :* de sorte que la Grande-Bretagne doit beaucoup se ménager pour elle-même dans toutes les questions irritantes vis-à-vis de la France, attendu qu'il en va aujourd'hui de sa sécurité plus encore que de celle de toute autre nation. Et en effet, nous avons :

Premièrement, des vaisseaux et des marins ou matelots presque autant que la situation de l'Angleterre peut lui permettre d'en avoir ;

Deuxièmement, plus d'un million de soldats à mettre en ligne, s'il le faut, et pourvus d'un matériel considérable d'artillerie, soit pour défendre le sol de la patrie avec le drapeau de la liberté, soit pour devenir sur-le-champ troupes d'embarquement et de débarquement, sans compter toutes les gardes nationales mobiles et sédentaires pour la défense des frontières et places quelconques de l'intérieur ;

Troisièmement, des richesses et ressources immenses en numéraire et territoriales, pour toutes sortes d'opérations ou actions sur terre et sur mer : les trésors de la France sont, dit-on, tout pleins ;

Quatrièmement, enfin le maréchal Soult lui-même, qui commandait le camp de Boulogne en 1804, dont l'effectif était de cent mille hommes pour faire une descente en Angleterre.

Il vient de nous prévenir qu'en cas d'une nouvelle déclaration de guerre avec cette puissance ou toute autre, sa conduite serait absolument comme celle du maréchal de Saxe à Fontenoy, qui s'est fait transporter sur ce mémorable champ de bataille pour y commander l'armée française.

Mais la vapeur n'était point encore en vigueur en 1804.

A l'heure qu'il est, quel puissant auxiliaire ! quel grand destructeur ! Restons-en là ; ne cherchons pas à envenimer davantage des différends qu'il faut s'efforcer d'assoupir de plus en plus, afin de conserver et d'affermir pour long-temps, sinon pour toujours, la bonne intelligence entre deux amis rivaux, deux peuples civilisés, partisans l'un comme l'autre de la liberté, faits pour s'aimer et s'estimer.

Tous ces raisonnements sont assez plausibles pour qu'ils soient profondément médités par tous les hommes d'État chargés de veiller au salut commun, en consolidant des alliances qui, seules, sont susceptibles de faire le bonheur des peuples qu'ils gouvernent.

La France ne cherche querelle à aucune puissance ; l'Angleterre doit l'imiter, mais elle montre trop de penchant à simulacrer, avec des intentions vraies ou fausses, les coalitions formidables d'autrefois de dix, quinze et vingt contre un (gloires à ne point du tout se vanter), et c'est pourquoi les Français s'en sont deux ou trois fois si fortement émus depuis 1830.

D'un autre côté, il y a également en Angleterre des imaginations haineuses et de dangereux écrivains qui soufflent le feu de la discorde et de la guerre avec la France. Et si elle venait à éclater, ce ne seraient pas ceux-là qui marcheraient les premiers pour s'y faire tuer ; Dieu veuille que ce soit en vain, malgré tant d'instigations et d'une multitude de difficultés qu'il faut continuellement vaincre, selon les vœux aussi ardens que patriotiques de M. le duc de Dalmatie !

Tous les Anglais tombent d'accord sur son compte, aux fins de le considérer comme l'une des plus grandes illustrations de la France.

C'est en outre l'intrépide général et maréchal connu pour être le premier organisateur de nos armées. Au surplus, la république, l'Empire, 1830 et 1840 le savent.

M. le Duc de Dalmatie dit franchement qu'il a appris à estimer la nation anglaise sur les champs de bataille.

ANGLETERRE.

LORD BROUGHAM.

CHAMBRE DES LORDS. — Séance du 2 Février 1843.

Le noble lord entrant dans les plus grands développemens sur les malentendus et les fausses interprétations qui ont eu lieu en France et en Amérique au sujet du droit mutuel de visite proposé par l'Angleterre à ces puissances, dans le but d'abolir la traite, s'exprime ainsi qu'il suit :

« Supposerait-on, par hasard, dit Sa Seigneurie, que la France a grand souci de la traite ? Suppose-t-on la nation française, ou une partie de cette nation, assez dans l'ignorance de son devoir, assez sourde à la voix de l'humanité, assez indifférente pour la cause de la justice, assez peu raisonnable, assez dépourvue de bon sens pour venir, au milieu du dix-neuvième siècle, défendre la traite des noirs ? Non, non, milords, non-seulement en France on ne veut pas de la traite, mais même on n'y est pas dans ces termes de neutralité et d'indifférence que l'on croit à l'égard de la question de la traite ? Prenez et comptez la masse de ce peuple grand, éclairé et généreux, et vous trouverez à peine, je n'hésite pas à le dire, un million d'hommes ne professant pas contre cet infâme trafic les sentimens de haine et d'horreur par vous si souvent manifestés; encore cette dégoûtante exception se compose-t-elle de quelques spéculateurs des Indes-Occidentales, de quelques négriers déguisés de *Bordeaux* et de *Nantes,* mais voilà tout. Milords, on voudrait vainement le dissimuler, souvent les mêmes choses prennent des noms différents ; l'esprit de parti n'y regarde pas de si près. Le droit de recherche, la conduite du peuple à Barcelone, les réclamations de Portendic, la conduite des pêcheurs sur les côtes, les conditions d'un traité de commerce, tout cela n'est qu'une expression différente, une forme variée, une circonlocution plus ou moins claire pour signifier une seule et même chose.

» Vous pouvez m'en croire, car je connais le Français, et je sais aujourd'hui quelle est l'opinion en France. Eh bien ! je vous le dis en bon Anglais, la valable signification de ces six ou sept phrases qui agitent en ce moment la France, se résume en ces mots : 15 *Juillet* 1840, *Négociations de Lord Palmerston.*

J'ai parfaitement approfondi la question, et je sais que jamais les Français n'avaient pensé à cette opposition avant *Juillet* 1840. Je sais que, sans cette malheureuse négociation, le droit de visite n'aurait jamais trouvé d'adversaire. Le traité de commerce n'eût pas été compromis, enfin tous les autres points eussent été abandonnés.

» On eut sacrifié de petites pour de grandes choses dans l'intérêt de la paix, et la rancune germe dans le sein des Français; et jusqu'à ce que, par une meilleure conduite de ceux qui gouvernent, par une sage et prudente conciliation, par une politique ferme et modérée, par tout ce qui peut concilier le respect et ramener l'affection de cette grande nation, la rancune se fera jour à toute occcasion, sous tout prétexte. Elle sera le fléau des deux gouvernemens, comme elle l'est des deux nations. (*Applaudissements.*)

» Heureusement, ce sentiment commence à diminuer, et je m'en réjouis. Je rencontre des adversaires énergiques dans tous les hommes d'État les plus distingués de la France. Ceux qui, il y a quelques années, s'y étaient malheureusement ralliés, changent aujourd'hui et sont animés de meilleurs sentiments vis-à-vis de nous ; ils agissent plus sagement et plus prudemment.

» Et, il faut le dire ; il règne aussi en Angleterre une certaine ignorance en ce qui touche plusieurs choses relatives aux autorités françaises, et surtout ce grand monarque, le grand ami de la paix et de l'alliance avec l'Angleterre. Mais, s'il faut même prouver jusqu'à quel point les préventions ont pu récemment s'y faire jour, c'est lorsqu'on examine la conduite de M. Lesseps à Barcelone. Reconnaissons donc que si jamais quelqu'un aurait dû échapper à la possibilité d'une accusation de complicité dans la révolte de Barcelone, c'était assurément le consul de France que le gouvernement a très-sagement et justement défendu.

» Je n'hésiterai pas à le déclarer, milords, mon opinion bien arrêtée est, que les plus importants intérêts de l'Angleterre, que ses sentiments les plus chers et ses sympathies sont inséparablement liés avec la paix et l'alliance de la France. Je regarde la paix de l'Europe comme pouvant se résumer en un seul mot : *Paix avec la France !*

» Je regarde la guerre universelle et la dévastation en Europe comme les conséquences immédiates d'une rupture entre ces deux puissances, et cela tient à ce que ma conviction intime et profonde est, que ce qui est bon pour la France est bon pour l'Angleterre, et que la prospérité de l'une ne peut être assurée indépendamment du bonheur de l'autre.

» Tout en admirant la bravoure de nos troupes, et en payant

un juste tribut d'hommages au succès qui a couronné la direction des affaires civiles et militaires en Angleterre, je regarde avec une égale admiration cette nation illustre qui habite de l'autre côté de la Manche, et comme un grand nombre de mes compatriotes, je la regarde comme non moins riche que l'Angleterre en braves soldats, en grands capitaines, en hommes d'État profonds et illustres philosophes, et j'espère ardemment que toute cette gloire sera rendue plus grande et plus durable, si la France rivalise avec les autres nations du monde dans les arts heureux de la paix.

» Je tiens la branche d'olivier suspendue au-dessus de ces deux pays ; les admirant, les aimant tous deux presque autant, je ne me laisserai pas arracher cette branche tant qu'il en restera une feuille et la plus minime parcelle. Je pense qu'il ne faut qu'un peu d'esprit conciliant, de modération, de loyauté et d'énergie de la part des ministres des deux pays pour ramener les deux peuples qui ne demandent qu'à revenir à de plus doux sentiments. Quelques instants de paix suffiront pour amener ce résultat (*Écoutez !*). Milords, j'espère avoir exprimé, en parlant de l'alliance entre l'Angleterre et la France, l'opinion du parlement et du pays, et j'ai la satisfaction, bien douce à mon cœur, de savoir que les mots que j'ai dits ne seront pas sans utilité. » (*De bruyans applaudissements succèdent à ce discours.*)

A LA NATION FRANCAISE.

Français, mes compatriotes, vrais amis de l'indépendance nationale, de la civilisation, des arts et d'une sage liberté, examinez avec attention et de la manière la plus impartiale ce superbe langage. Songez-y bien, c'est celui du plus illustre jurisconsulte et l'un des savans les plus distingués de l'Angleterre, qui vient si souvent au milieu de vous ; car, comme il le dit lui-même, son amour est presque aussi grand pour notre belle France que pour sa patrie. Cependant, malgré que ce soit, dit-on, le plus estimable des hommes, ne nous aveuglons pas trop légèrement sur des démonstrations qui peuvent être exagérées quoique sincères, et établissons nos raisonnemens sur des données non moins complètes que les siennes.

Voyons : lord Brougham fonde ses accusations vis-à-vis de la nation française, ou plutôt d'une

partie de notre nation, à l'effet de mieux caracté-
riser le refroidissement qui existe entre elle et
l'Angleterre depuis deux ans.

1° Par rapport au traité du 15 juillet 1840 ;

2° Sur ce que la signature de ce traité par quatre
grandes puissances, sans le concours de la France,
a rendu le peuple français rancuneux, sinon mé-
fiant ;

3° En faisant des remontrances aux gouvernants
de l'un ou l'autre pays, pour les engager à ne point
sortir des voies de la conciliation, de la sagesse et
de la loyauté qui doivent uniquement présider à
tous leurs actes.

Sans doute ce sont là de très-judicieux rappro-
chements et de magnifiques conseils à donner ;
mais à qui lord Brougham les adresse-t-il préfé-
rablement ? Est-ce plutôt aux hommes d'État de la
France qu'à ceux de la Grande-Bretagne ? voilà ce
qu'il s'agit de savoir. Eh bien ! si c'est, par exem-
ple, aux ministres français, que Sa Seigneurie se
pénètre facilement d'une chose, c'est que la France
a été sérieusement atteinte dans sa chatouilleuse
susceptibilité par la négociation du traité de 1840 ;
oui, de la signature de lord Palmerston à l'égard
des affaires d'Orient ; et pourquoi ? parce que le
gouvernement de Louis-Philippe y allait de franc
jeu, loyalement avec l'Angleterre ; parce que la na-

tion française se souvient trop bien de 1814 et de 1815; parce qu'enfin le gouvernement anglais a abandonné son meilleur allié de dix ans, pour se remettre de nouveau contre lui comme sous l'Empire, et tendre, par conséquent, la main à trois autres puissances despotiques, en mettant nécessairement de côté tous les liens d'une mutuelle cordialité et de la civilisation progressive chez les deux plus grands peuples de l'Europe.

Qu'est-il encore arrivé depuis 1840 dans les bonnes relations qui devraient si heureusement et long-temps exister entre l'Angleterre et la France? la question du droit de visite, qui produit tant d'exaspération en France, y aggrave l'irritation des esprits et compromet la paix du monde? Où en est-elle, cette question, dans ce moment-ci? Qui donc veut la compliquer davantage et augmenter d'une manière fâcheuse la situation des choses contre le vœu de la représentation nationale? n'est-ce pas l'Angleterre qui, par l'organe de son premier ministre, ne veut pas entrer en négociations pour modifier ou annuler les traités de 1831 et de 1833? Et pourtant, toute la France ne veut plus souffrir le trafic des noirs. Or, ces deux pays sont incontestablement bien malheureux de ne pas pouvoir s'entendre; et c'est tellement vrai que la Russie, la Prusse et l'Autriche ont signé et ratifié avec l'Angleterre le dernier traité de 1841 pour le droit de recherche, et que la France, depuis la révolution de juillet, se trouve une seconde fois, même une troisième, en leur présence avec un esprit prononcé d'opposition qui l'empêche d'agir et n'a pour résultat que de lui susciter des querelles difficiles à dénouer. C'est par conséquent le cabinet de Londres qui doit revenir à de plus doux sentiments.

Il faut en conclure ce qui suit : D'une part, que la France trouve toujours devant elle les coalitions du temps de la république et de l'Empire par le fait seul de l'Angleterre ; d'autre part, qu'il est de son devoir et de sa prudence de ne point désarmer tant qu'une intention continuelle de guerre viendra paralyser ses dispositions pacifiques ; et, en dernier lieu, qu'il devient de toute impossibilité de faire ce prodigieux traité de commerce dont les principaux obstacles ne proviennent que d'une coupable mésintelligence entre de bons ou de mauvais ministres.

Dans tous les cas, si la guerre venait à éclater entre la France et l'Angleterre, les belles paroles de lord Brougham resteraient écrites dans l'histoire ; mais la plus grave responsabilité en retomberait sur ceux qui l'auraient méchamment provoquée. Sera-ce du côté d'hommes d'État anglais, ou bien de celui d'hommes d'État français? Les griefs sont à peser.

Toujours est-il que l'humanité en souffrirait

horriblement, et les auteurs de tant de calamités, s'ils avaient la prétention de donner quelques raisons plus ou moins valables de patriotisme, la vindicte publique pourrait peut-être aussi leur reprocher un amour-propre blessé très mal entendu ou une haine implacable qu'il ne fallait jamais ressusciter, et qu'au contraire le bien-être général des nations devait forcément ensevelir dans la tombe de l'Empereur Napoléon. Ce sont les propres expressions de lord Palmerston.

Espérons et comptons sur le bon génie qui préside à tout chez les hommes sages.

Néanmoins, reconnaissons avec empressement d'exactes vérités que voici :

Il y a aussi un mauvais génie qui plane sur la France, qui montre son nez partout, qui y entretient une irritation extraordinaire, et qui voudrait réellement la guerre générale avec l'Europe en commençant par la faire contre l'Angleterre, mais depuis 1840 seulement. Jusqu'où ira-t-il? et qu'à cet effet l'on me dise où est pour cela un second Bonaparte, un grand Napoléon debout, avec sa persévérance dans ses systèmes d'acharnement, de destruction et d'une ruine complète, profondément combinés par l'expédition d'Égypte, la rupture du traité d'Amiens et le blocus continental? Lui, également, a beaucoup recherché l'alliance anglaise, et, pour s'en convaincre, il ne faut que lire dans les pages de notre histoire, ses lettres comme premier consul, puis comme Empereur, au prince régent d'Angleterre ainsi qu'au roi Georges III ; elles portent les dates des 26 janvier 1800 et 2 janvier 1805.

Personne ne doit méconnaître qu'en matière de haute politique il faut des alliances à la France. L'Empereur Napoléon disait : «J'ai besoin pour allié soit l'une, soit l'autre des quatre grandes puissances du continent. » Et il avait jusqu'à un certain point raison. Mais il a voulu en faire premièrement l'expérience par le traité de Tilsitt avec celle la plus reculée au nord, et il a eu tort. Il refit une autre expérience après Wagram, en prétendant la cimenter par un mariage avec la fille d'un César, et il a encore eu tort, puisque 1813, 1814 et 1815 le prouvent par les odieuses trahisons du beau-père envers le gendre, et par le triste abandon de son épouse dans ses malheurs.

Eh bien ! une alliance sincère entre deux monarchies constitutionnelles ou entre deux peuples libres ne vaut-elle pas mieux qu'entre l'une au l'autre de n'importe laquelle des puissances despotiques? c'est à n'en pas douter un seul instant, car il ne faut guère exposer la liberté à sucer un mauvais lait.

Tandis que l'Angleterre a reconnu la première le gouvernement de 1830 presque aussitôt la révolution de juillet ; tandis qu'elle lui a vendu et livré des armes pour défendre nos frontières du nord; tandis que tout récemment encore, c'est-à-dire, lorsqu'en 1840 l'Europe entière se préparait à la guerre de tous côtés, l'Angleterre nous fournissait des chevaux pour remonter notre cavalerie, alors même que toutes les puissances absolues se refusaient formellement à nous en livrer contre des écus sonnants : or donc elle était bienveillante, et les autres en état réel d'hostilité sous l'impression de la peur.

Il s'agit maintenant de savoir si des armes et des chevaux ont été vendus et livrés à la France par l'Angleterre du temps de la république et du temps de l'Empire : oh ! assurément non.

D'après ces considérations, d'où vient principalement tout l'esprit d'aigreur et d'animosité qui, depuis plus de deux ans, se plait à vouloir rallumer la guerre entre la France et la Grande-Bretagne? Ayons le courage de le dire, et surtout de dire les choses telles qu'elles sont. Oui ! c'est très-vrai, du *traité du 15 juillet* 1840, et des mots fameux : « *Après moi gouvernera qui pourra !.... Je n'ai* » *plus aucune raison d'être utile à un gouverne-* » *ment qui m'a si indignement traité.....* » et des autres mots, non moins curieux que bizarres : « *Je* » *demande pardon à Dieu et aux hommes d'avoir* » *contribué à la révolution de juillet.* » — Oui ! du

droit de visite ; mais, *oui* aussi, des feuilles légiti-
mistes, républicaines et autres d'une opposition
systématique ou tracassière *quand même,* contre-
carrant tout, défigurant tout, gâtant tout jusqu'aux
plus saines doctrines ; qui rapportent le mal, s'il
n'est pas toutefois inventé par leurs extravagances
et leurs trames ; taisant le bien, et, en définitive,
à l'égard desquelles le peuple français ne sait pas
assez se mettre en garde contre tout ce qui con-
cerne une foule d'assertions et de discussions men-
songères ou calomnieuses, afin de satisfaire la soif
brûlante de nuire au gouvernement ou d'intriguer
pour des portefeuilles.

En terminant, je me résume par une complète
glorification des actes mémorables que le gouvernement de 1830 a accompli depuis son installa-
tion. Je parle d'eux comme je les comprends, et
je laisse au public la liberté d'en penser à son tour
ce qu'il veut.

Lord Brougham n'a point mêlé à son discours
le nom de la reine d'Angleterre ; ici, dès-lors, je ne
mentionnerai pas non plus celui de notre Roi, qui,
au reste, n'a nullement besoin de mes suffrages,
car je ne suis rien, absolument rien dans les affaires
de l'État.

Je dois finir et je finis : l'histoire parlera assez.

Ainsi, la France ne peut que s'empresser de
rendre des hommages à l'un des plus grands

hommes de l'Angleterre, et ils sont justement rendus, puisqu'il assure avec loyauté que, connaissant le caractère éclairé, généreux et brave du peuple français, il l'aime comme celui qui règne dans son propre pays.

FIN.

BIBLIOTHEQUE ROYALE
I